SUSHIS

© 2002 Maxi-Livres pour l édition française.

© 2002 Rebo Productions Ltd.

Photographies originales : R&R publishing Pty. Ltd.

POUR L'ÉDITION FRANÇAISE
Sous la direction de la Centrale d'achats Maxi-Livres
Direction éditoriale : Alexandre Falco.
Responsable des publications : Françoise Orlando-Trouvé.
Responsable de l'ouvrage : Bénédicte Sacko.
Réalisation : Atelier Gérard Finel, Paris.
Traduction / adaptation : Christine Chareyre.
Révision : Florent Founès, Christiane Poulain.
Mise en pages : Hélène Ladégaillerie.

Malgré le soin apporté à la réalisation, cet ouvrage peut comporter
des erreurs ou omissions. Nous remercions le lecteur de bien vouloir
nous faire part de toute remarque à ce sujet.

ISBN 2-7434-2402-8
Imprimé en Slovénie

SUSHIS

tous les secrets des chefs sushis pour

une cuisine créative

Succès du Livre

Avant-propos

Pour les Occidentaux, les sushis semblent nimbés d'une telle aura de mystère, qu'ils hésitent souvent à en pénétrer les arcanes.

En effet, s'initier à la confection des sushis implique de se confronter à une autre culture, à des goûts insolites et à des coutumes singulières. C'est plonger dans un inconnu où il faut trancher entre une infinité de possibilités simplement pour mélanger riz et garnitures variées de poisson ou de coquillages, en enrobant parfois le tout dans une feuille d'algue. Peut-être êtes-vous également dérouté à l'idée de confectionner des sashimis, qui vous paraissent eux aussi trop exotiques.

Ne comptez pas trop sur votre entourage pour vous venir en aide. Certains vous diront qu'ils n'aiment ni les sushis ni les sashimis, surtout ceux qui n'y ont jamais goûté. Les autres, fervents adeptes de l'anago (congre) ou de l'uni (oursin), se refuseront à vous encourager dans des choix trop classiques à leurs yeux !

En vous initiant à la préparation de vos premiers sushis et sashimis, vous abordez un art culinaire totalement étranger. Mais ne vous laissez pas impressionner par la difficulté apparente. Tout ce dont vous avez besoin, c'est de conseils avisés et de garder un esprit ouvert. Ce livre vous apportera une multitude d'informations précises et essentielles qui vous guideront dans vos premières expériences. En suivant les instructions données, vous apprendrez rapidement à préparer sushis et sashimis, pour votre plus grand plaisir et celui de vos convives.

Sommaire

Les mers qui baignent le Japon sont réchauffées par le Kuroshio, courant riche en plancton, peuplé d'une multitude de poissons et de coquillages. Dans ce pays montagneux, les rares terres arables sont aménagées en terrasses accueillant des cultures de riz et autres céréales. Ainsi, au Japon, l'alimentation traditionnelle est à base de riz et de produits de la mer. La cuisine met à profit les richesses naturelles. Mélange de poisson cru et de riz vinaigré, exotique aux yeux des étrangers, le sushi fait naturellement partie du répertoire culinaire japonais.

Apparu au Japon il y a des siècles, le sushi est indissociable des coutumes de conservation du poisson. On suppose qu'il est né en Asie du Sud-Est. Une fois nettoyés, les poissons crus étaient recouverts d'une couche de sel sur laquelle on posait des pierres. Après quelques semaines, les pierres étaient remplacées par une fine couche de riz. Au bout de quelques mois, le poisson et le riz fermentés étaient prêts à être consommés. À Tokyo, certains restaurants servent toujours sous le nom de *narezushi* ce sushi traditionnel préparé avec des carpes.

Origine des sushis

Le goût très relevé du narezushi masque la saveur naturelle du poisson, et la première fois, on peut être dérouté par cette spécialité.

Il fallut attendre le XVIIIe siècle pour qu'un chef inspiré du nom de Yohei décidât de supprimer le processus de fermentation et de servir les sushis sous une forme proche de celle qui nous est aujourd'hui familière. Ils connurent un grand succès, à travers deux variantes principales, celle de Kansai, élaborée dans la ville d'Osaka, dans la région de Kansai, cœur du

« vieux Japon », et celle d'Edo, ancien nom de Tokyo. À Osaka, de tout temps le premier centre commercial du Japon, les négociants de riz créèrent des sushis avec du riz vinaigré, mélangé à d'autres ingrédients, pour former des bouchées aussi flatteuses pour l'œil que délicieuses au palais. Située dans une baie qui, à l'époque, regorgeait de poissons et de coquillages, Tokyo produisit les nigiri-sushis, filets de poisson de mer ou crustacés rigoureusement sélectionnés, présentés sur une boulette de riz assaisonné. Si les ravissants sushis de la région de Kansai sont toujours très appréciés, les étrangers connaissent surtout les nigiri-sushis.

Origine des sushis

La préparation des sushis nécessite quelques ustensiles de base.

Récipient à riz (hangiri)

Le hangiri permet de donner au riz vinaigré la texture et l'aspect brillant souhaités. Il est fabriqué avec du bois de cyprès cerclé d'anneaux en cuivre, mais il peut être remplacé par n'importe quel récipient en bois ou en plastique.

Spatule (shamoji)

Le shamoji sert à remuer et à étaler le riz pour le faire refroidir. Selon la tradition, il symbolise le rôle de la femme dans le foyer. Il peut être remplacé par une cuillère en bois ou en plastique ordinaire.

Éventail (uchiwa)

L'uchiwa favorise l'évaporation du liquide pour obtenir la texture et la saveur idéales du riz. À l'origine, il était confectionné avec du bambou recouvert de papier ou de soie. Un morceau de carton ou un magazine remplira le même office.

Matériel & ustensiles

Récipient

Un grand récipient muni d'un couvercle est indispensable pour garder le riz au chaud jusqu'au moment de préparer les sushis.

Planche à découper (manaita)

Indispensable, la manaita était traditionnellement en bois. On lui préfère aujourd'hui des planches à découper en résine ou en plastique, plus faciles d'entretien.

Baguettes (saibashi)

Il existe deux types de baguettes. Les longues, souvent en métal, servent à cuisiner et à manipuler les aliments d'une seule main. Les courtes s'utilisent pour manger.

Pinces fines

Elles permettent de retirer les petites arêtes du poisson. Un modèle de taille moyenne à branches droites est préférable aux pinces à épiler. On en trouve dans les boutiques spécialisées.

Natte (makisu)

Cette petite natte en baguettes de bambou assemblées avec du fil de coton sert à enrouler les sushis.

Couteaux

Un couteau muni d'une bonne lame d'acier est indispensable pour obtenir des découpes nettes. Affûtez les lames vous-même. La qualité des couteaux japonais a pour origine la fabrication des sabres, célèbres pour leur robustesse et leur tranchant dans le monde entier. Les couteaux sont le bien le plus précieux de tout chef sushi. Il tient toujours à la main un torchon humide qui lui permet de nettoyer la lame de ses couteaux en travaillant. Il en existe trois types principaux :

Couperets (deba-bocho). Munis d'une lame triangulaire, ces grands couteaux lourds servent à sectionner les os ou à fendre une arête.

Couteaux à légumes (nakiri-bocho). Plus légers, ils ont une lame de forme rectangulaire.

Couteaux à poisson (sashimi-bocho). Ils sont longs et fins. À Osaka, on les préfère avec une extrémité pointue, à Tokyo, avec une extrémité plus émoussée. Ils sont parfaits pour couper le poisson en tranches, lever les filets, ainsi que pour détailler les rouleaux de sushi.

Vinaigre

L'eau sucrée, comme n'importe quelle boisson alcoolique laissée au repos, s'acidifie avec le temps et se transforme en vinaigre. Au Japon, le vinaigre est fabriqué avec le riz, avec lequel on obtient également le saké par fermentation. Le vinaigre a la propriété de modifier les protéines et de détruire les bactéries. Les Japonais ajoutent du sucre dans le riz pour éviter que l'acidité du vinaigre ne masque la saveur des sushis.

Sauce soja

Connue dans le monde entier, la sauce soja porte différentes dénominations. Les amateurs de sushis apprécient davantage la sauce soja japonaise que la variété chinoise, plus foncée et plus riche. Obtenue naturellement par fermentation, la sauce soja est préférable au sel, au sucre et aux assaisonnements artificiels. Elle accompagne de nombreuses préparations japonaises traditionnelles telles que sushis, sukiyakis (lamelles de bœuf et de légumes que l'on plonge dans un bouillon) et nouilles. Une fois ouverte, la bouteille doit être conservée au réfrigérateur ou dans un endroit frais, sec et sombre.

Gingembre au vinaigre (gari ou shoga)

Des lamelles de gingembre, macérées dans du vinaigre doux, permettent de rafraîchir le palais entre deux sushis. Il en faut très peu pour plusieurs rouleaux. On le trouve dans les épiceries spécialisées, mais vous pouvez aussi le fabriquer vous-même.

Ingrédients

Nori (algues)

Une fois récoltées, les algues sont lavées à l'eau claire, séchées, légèrement grillées et vendues sous forme de feuilles minces. L'emballage en plastique ou en cellophane une fois ouvert, les feuilles de nori doivent être consommées aussitôt ou conservées dans un récipient fermé, dans un endroit sec, frais et sombre, afin de préserver leur texture croustillante. Les feuilles de nori sont très riches en vitamines A, B12 et D.

De fines bandelettes de nori entrent dans la fabrication des nigiri-sushis, pour envelopper la garniture, omelette ou tofu par exemple. Il suffit de couper un morceau de nori d'environ 1 cm de largeur, puis de l'enrouler autour du riz et de la garniture pour maintenir l'ensemble.

Tezu

Il s'agit d'une préparation à base d'eau
et de vinaigre en quantités égales. Elle facilite
la préparation du riz et des garnitures.

Saké

Obtenue par fermentation du riz, cette boisson alcoolique,
incolore, est une bière de riz. Elle se caractérise par son arôme
dense, aux nuances subtiles, sa saveur douce et son arrière-goût sec. Le
saké doit être entreposé dans un endroit sombre et frais avant ouverture, et
conservé ensuite au réfrigérateur. Cette boisson traditionnelle, très répandue au Japon, se boit
tiède ou chaude avant de consommer les sushis.

Mirin

Surnommé « saké doux », le mirin est un vin doux à base de riz gluant que l'on utilise uniquement
en assaisonnement. Il peut être remplacé par du xérès doux.

Daikon

Ce radis blanc japonais se vend frais dans les épiceries spécialisées ; sa longueur varie
de 15 à 60 cm. Il se conserve plusieurs semaines au réfrigérateur. Détaillé en fines lamelles,
il accompagne les sashimis ou peut remplacer le nori. Haché, sa texture et sa saveur relèvent
la sauce soja.

Tofu

Pâté de soja de forme compacte, le tofu offre l'aspect d'un fromage clair et spongieux. Il est vendu
frais dans les supermarchés et se conserve plusieurs jours au réfrigérateur, dans de l'eau. Le tofu
entre dans la préparation des nigiri-sushis, il remplace le riz ou vient en
garniture sur le riz.

Riz à sushi

Dans la confection des sushis, le riz est aussi important que le
poisson. Savoir parfaitement préparer le riz pour sushi
demande des années d'apprentissage. Il existe différentes
méthodes de préparation. Vous trouverez p. 50 une recette
facile et courante.

Ingrédients

Coupe plate

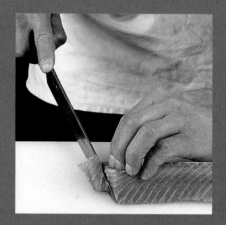

Art de la découpe

Coupe en biais

12

Voici cinq techniques de base pour couper sushis et sashimis :

Coupe plate (hira giri). C'est la méthode la plus répandue ; elle convient à tous les filets de poisson. Maintenez le poisson fermement et coupez verticalement de manière à obtenir des tranches de 1 à 5 cm d'épaisseur, en fonction de la taille des filets.

Coupe en treillis (ito zukeri). Si cette technique est valable pour tous les petits poissons, elle convient particulièrement aux calmars. Coupez les calmars en lanières de 3 mm, puis détaillez celles-ci dans la longueur en morceaux de 3 mm également.

Coupe en dés (kazu giri). Cette technique s'utilise souvent pour le thon. Coupez-le selon la technique de coupe plate, puis détaillez les tranches en dés de 1 cm.

Coupe fine (usu zukuri). Posez un filet de poisson à chair blanche comme la brème ou la dorade sur un plan de travail. Tenez le poisson fermement d'une main, tout en coupant en biais des lamelles presque transparentes.

Coupe en biais (sori giri). C'est la technique idéale pour les garnitures de sushis. Prenez un pavé rectangulaire de poisson comme le saumon ou le thon, découpez un triangle dans un angle, puis détaillez les morceaux en tranches de 3 mm à 1 cm d'épaisseur.

Art de la découpe

De nombreux Japonais ignorent comment consommer correctement les sushis. En suivant les conseils indiqués ci-dessous, vous apprécierez pleinement la saveur de cette nourriture d'exception. Les sushis peuvent se déguster de deux façons différentes.

Méthode 1

Posez le sushi sur le côté, puis saisissez la garniture et le riz avec des baguettes ou les doigts (pouce, index et majeur).

Plongez l'extrémité de la garniture, pas le riz, dans la sauce soja.

Dégustez votre sushi en posant la garniture sur la langue.

Méthode 2

Prenez du gingembre au vinaigre et plongez-le dans la sauce soja.

Enduisez la garniture de sauce soja, à l'aide du gingembre.

Mettez le sushi dans la bouche, en posant la garniture sur la langue.

Dégustation des sushis

Si aucune règle stricte ne précise l'ordre dans lequel les différents sushis doivent être consommés, commencez plutôt par ceux qui sont enveloppés de nori, car celui-ci ne conserve pas longtemps sa texture croustillante lorsqu'il est en contact avec le riz humide.

Ne trempez pas trop les sushis dans la sauce soja pour éviter que le riz tombe et que le goût du soja domine. La même remarque s'applique au wasabi et au gingembre au vinaigre. Utilisez les condiments avec modération, sinon la saveur de la garniture et du riz sera masquée plutôt qu'exaltée.

Actuellement, dans les restaurants spécialisés, vous pouvez accompagner les sushis de n'importe quelle boisson, mais le saké et le thé vert figurent obligatoirement au menu. Le saké se boit chaud et avant le repas – pas pendant ni après. Le thé, en revanche, se sert pendant tout le repas. Le thé vert est indispensable pour apprécier pleinement les sushis. Il élimine l'arrière-goût et nettoie les papilles avant les bouchées suivantes.

Les nutritionnistes considèrent les sushis comme une nourriture saine et équilibrée. Le poisson frais et cru conserve en effet ses minéraux et ses vitamines.

Le riz

Le riz constitue une excellente source de fibres et de sucres lents. Les fibres jouent un rôle important dans la digestion, tandis que les sucres lents libèrent lentement l'énergie. Le riz est également riche en niacine, protéines, vitamine B1 et fer.

Poissons et coquillages

Les produits de la mer contiennent peu de calories, moins que la viande et la volaille les plus maigres. Ils constituent une excellente source de protéines et de minéraux de grande qualité, notamment d'iode, de zinc, de potassium et de phosphore. Le poisson et les coquillages sont également riches en vitamines, en particulier celles du groupe B. La faible quantité de graisse des poissons est riche en acides gras bénéfiques pour le cœur. Ces acides peuvent prévenir la formation de caillots de sang et l'obstruction des artères, réduisant ainsi le risque d'accidents cardio-vasculaires.

Sushis & santé

Nori

Les algues sont une excellente source d'iode, de calcium et de fer, trois éléments importants pour le sang et les os. Elles sont également riches en vitamine B12.

Germes de soja

Les germes de soja fournissent les meilleures protéines de tous les légumes. On les utilise pour la fabrication du tofu, de la sauce soja et du miso (pâte à base de haricots de soja fermentés). Les germes de soja contenant de l'amidon, ils ont une teneur élevée en lipides, sous la forme d'huile polyinsaturée. Ils sont également riches en fibres, en vitamines B et en minéraux divers.

Wasabi

Le wasabi est une excellente source de vitamine C.

Recette

Enfilez une brochette dans chaque gamba pour éviter qu'elles ne se recroquevillent.

Plongez les gambas dans une casserole contenant 50 cl d'eau bouillante, le sel, le vinaigre, puis laissez frémir 2 à 3 minutes.

Retirez-les de la casserole et plongez-les dans de l'eau glacée pour bien les refroidir. Retirez les brochettes en les tournant légèrement.

Ensuite, ôtez les pattes et la tête, mais laissez intacte l'extrémité de la queue. Incisez le dos sur toute la longueur pour retirer la veine.

Incisez avec un couteau au niveau de l'abdomen pour ouvrir les crevettes en forme de papillon.

Laissez-les tremper 20 minutes dans l'eau salée, puis plongez-les dans un saladier d'eau vinaigrée et laissez-les reposer encore 20 minutes.

Préparez des nigiri-sushis en suivant les indications figurant p. 52.

Ingrédients

10 gambas

1/2 cuillerée à café de sel

1/2 cuillerée à café de vinaigre

300 g de riz à sushi

2 cuillerées à café de wasabi

10 brochettes fines

eau vinaigrée

50 cl d'eau

25 cl de vinaigre

Nigiri-sushi aux **gambas** (ebi)

Nigiri-sushi

Le terme sushi désigne généralement le nigiri-sushi, sushi
préparé à la main que l'on sert dans les restaurants spécialisés.
Originaires de Tokyo, les nigiri-sushis sont le plus souvent à base de
poisson et de coquillages, produits qui font depuis toujours
la réputation de la ville en matière de gastronomie.

Nigiri-sushis

Recette

Suivez les techniques indiquées pour la préparation des nigiri-sushis.

Note

Différentes variétés de thon sont disponibles sur le marché. Renseignez-vous auprès de votre poissonnier. Les plus conseillées sont les suivantes :

Le thon rouge : c'est la variété de thon la plus prisée des Japonais. Il se pêche en Méditerranée et dans les mers tropicales. Il est presque toujours vendu frais.

Le germon : aussi appelé thon blanc, est destiné à la conserverie. Il se pêche des Açores à l'Islande.

L'albacore : plus gros et plus grand, il se pêche toute l'année dans les eaux tropicales et équatoriales. Il présente une chair rosée et des nageoires jaunes. Convenant parfaitement aux sashimis, ce thon est très calorique. L'albacore doit son surnom de « poulet de mer » à son léger goût de poulet lorsqu'il est apprêté.

Nigiri-sushi au **thon** (maguru)

Ingrédients

300 g de filet de thon
300 g de riz à sushi
1 cuillerée à soupe de wasabi

Nigiri-sushis

Recette

1 Prenez un morceau de filet de saumon finement émincé entre le pouce et l'index de la main gauche.

2 Façonnez une boulette de riz (légèrement plus petite qu'une balle de golf).

3 Étalez un peu de wasabi au milieu du saumon avec l'index.

4 Déposez le riz sur le saumon. Appuyez sur le riz avec le pouce gauche en ménageant une légère cavité dans la boulette.

5 Pressez le bas et le haut du riz entre l'index et le pouce de la main droite.

6 Enfoncez la surface du riz avec l'index droit.

7 Fermez la main gauche et transférez le sushi dans la main droite. La garniture doit maintenant se trouver vers le haut.

8 Posez l'index et le majeur sur la garniture.

9 Fermez la main gauche et levez-la légèrement.

10 Tournez le sushi dans le sens des aiguilles d'une montre avec l'index et le pouce droits.

11 Appuyez sur les deux côtés et répétez deux ou trois fois les étapes ci-dessus.

Nigiri-sushi au **saumon** (sake)

Ingrédients

300 g de filet de saumon
300 g de riz à sushi
1 cuillerée à soupe de wasabi

Conseil

N'utilisez pas trop de riz et faites attention de ne pas trop humecter vos mains.

Nigiri-sushis

Recette

Faites tremper les coques au moins 3 heures dans l'eau fraîche pour ôter le sable.

Ouvrez les coques comme des huîtres.

Préparez les nigiri-sushis en suivant les indications figurant p. 52.

Note

La coque est un mollusque comportant deux valves dures et ovales, reliées par un ligament à l'extrémité pointue. Elle dégage une forte odeur de mer.

Avant de les acheter, vérifiez que les coquilles sont bien fermées.

Nigiri-sushi aux **coques** (maguru)

Ingrédients

6 coques avec leur coquille

110 g de riz à sushi

1/2 cuillerée à café de wasabi

Nigiri-sushi aux **noix de Saint-Jacques**
(hotatagai)

Recette

Saisissez les noix de Saint-Jacques (avec ou sans le corail) sur un gril très chaud ou dans le four pendant 20 secondes en les retournant. Préparez les nigiri-sushis en suivant les indications figurant p. 52.

Note

Vous pouvez acheter des coquilles Saint-Jacques entières, ou seulement les noix. Pour détacher la noix de la coquille, glissez un couteau sous le bord extérieur gris, puis séparez la noix et le corail, les meilleurs morceaux.

Ingrédients

6 noix de Saint-Jacques

110 g de riz pour sushi

1/2 cuillerée à café de wasabi

Recette

Salez la peau du saumon et arrosez-la de saké. Faites-le ensuite griller environ
2 minutes à l'unilatéral (du côté de la peau).

Retirez-le de la source de chaleur et laissez-le refroidir. Détaillez-le en tranches
minces, puis préparez-le sous forme de nigiri-sushis selon les indications
figurant p. 52.

Garnissez les sushis de daikon.

Note

Les filets de saumon sont d'autant plus savoureux qu'ils viennent d'être levés.
C'est une partie relativement grasse du saumon.

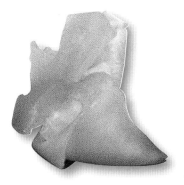

Nigiri-sushi au **saumon grillé** (sake toro)

Ingrédients

200 g de filets de saumon avec la peau

1/2 cuillerée à café de sel

1/2 cuillerée à café de saké

200 g de riz à sushi

1 cuillerée à soupe de daikon râpé

1 cuillerée à café de sauce soja

Nigiri-sushis

Recette

Détachez la tête des poulpes et retournez la poche. Saupoudrez les poulpes avec 2 cuillerées à soupe de sel pour en frotter la chair et ôter la membrane. Faites bouillir une grande casserole d'eau, ajoutez 2 cuillerées à soupe de sel, le vinaigre et le thé vert. Faites cuire les poulpes 8 à 10 minutes.

Après les avoir retirés de l'eau bouillante, plongez-les dans une casserole d'eau froide, contenant 2 cuillerées à soupe de sel et 4 cuillerées à soupe de vinaigre. Laissez-les reposer 10 minutes, puis faites-les cuire entre 8 et 10 minutes. Émincez finement les poulpes, puis préparez les nigiri-sushis selon les indications figurant p. 52.

Nigiri-sushi au **poulpe** (tako)

Ingrédients

2 poulpes de taille moyenne (environ 500 g chacun),
nettoyés

6 cuillerées à soupe de sel

4 cuillerées à soupe de vinaigre à sushi

2 cuillerées à soupe de thé vert japonais (ocha)

300 g de riz à sushi

15 à 20 feuilles de nori

En haut (de gauche à droite) : sushi au poulpe et sushi au calmar

Recette

Mélangez la sauce soja, le sucre et le mirin dans une casserole.
Portez la préparation à ébullition, puis laissez-la réduire de moitié.
Émincez l'anguille en fines tranches et faites-les griller 2 minutes.
Arrosez-les de préparation au soja.

Note

Les anguilles unagi fraîches sont difficiles à trouver, et encore plus à
préparer. Les boutiques spécialisées vendent souvent des anguilles
unagi surgelées et précuites.

Nigiri-sushi à **l'anguille** (unagi)

Ingrédients

12,5 cl de sauce soja

25 cl de mirin

2 cuillerées à soupe de sucre

1 anguille unagi précuite

300 g de riz à sushi

Nigiri-sushi au **congre** (anago)

Ingrédients

250 g de filets de congre

50 cl d'eau

3 cuillerées à soupe de sauce soja

3 cuillerées à soupe de sucre

250 g de riz à sushi

20 feuilles de nori

Recette

Portez l'eau à ébullition, plongez-y le congre et faites-le cuire 1 minute. Laissez-le refroidir dans de l'eau froide. Ajoutez le sucre et la sauce soja dans l'eau bouillante. Replongez le congre dans l'eau bouillante pendant 20 minutes, puis retirez-le. Laissez-le refroidir et préparez les nigiri-sushis selon les indications figurant p. 52. Enroulez une feuille de nori autour des nigiri-sushis.

Nigiri-sushi au **calmar** (ika)

Recette

Préparez les calmars comme le poulpe (voir p. 26).

Coupez les calmars selon la technique de coupe en treillis (ito zukeri), indiquée p. 13.

Préparez les nigiri-sushis selon les indications figurant p. 52.

Ingrédients

300 g de calmars

200 g de riz à sushi

1/2 cuillerée à café de wasabi

Nigiri-sushi au **poisson blanc** (shiromi)

Recette

Émincez très finement les filets de poisson (usu zukuri), comme indiqué p. 13.

Préparez les nigiri-sushis selon les indications figurant p. 52.

Ingrédients

200 g de poisson à chair blanche (dorade,
orphie ou bécassine de mer, merlan)

200 g de riz à sushi

1/2 cuillerée à café de wasabi

Photo (de gauche à droite) : sushi à la dorade,

sushi au merlan et sushi au calmar

Nigiri-sushis

Recette

Levez les filets du poisson comme indiqué p. 67.

Saupoudrez 2 cuillerées à soupe de sel sur les filets, puis laissez-les reposer 15 à 20 minutes.

Rincez les filets sous l'eau courante.

Mettez le poisson dans un saladier et couvrez-le de vinaigre de riz. Laissez reposer le tout 25 minutes, puis faites égoutter le poisson dans une passoire.

Préparez les nigiri-sushis selon les indications figurant p. 52.

Ingrédients

1 sériole d'environ 300 g

30 cl de vinaigre de riz

4 cuillerées à soupe de sel

330 g de riz à sushi

Nigiri-sushi à la **sériole** (boh-sushi)

Recette

Le chirashi-sushi est un des sushis les plus faciles à préparer. Divers ingrédients sont, soit mélangés avec du riz à sushi, soit posés dessus. Au Japon, les chirashi-sushis sans poisson ni coquillage sont souvent vendus préemballés. Très appréciés pour les pique-niques, on en trouve une grande variété sur les quais des gares. Le riz peut aussi s'agrémenter d'ingrédients tels que légumes émincés, graines de sésame, morceaux de tofu, gingembre émincé, frais ou en conserve, nori émietté, ainsi que diverses sauces.

Chirashi-sushi

Suggestions

thon, crevettes

omelette, poulpe

saumon, anguille unagi

sériole, bonite

avocat, tofu

crabe, légumes

Nigiri-sushis

Recette

Détaillez le tofu en tranches.

Mélangez le gingembre, l'oignon et la sauce soja.

Préparez les ingrédients de la garniture.

Posez la garniture sur le tofu et maintenez le tout avec une feuille de nori.

Ajoutez dessus la préparation au gingembre, puis servez les sushis.

Note

La préparation au gingembre contenant déjà du soja, il est inutile de présenter un bol de soja et du wasabi.

Ingrédients

300 g de tofu (en remplacement du riz à sushi)

divers poissons et légumes

gingembre râpé

oignon émincé

1/2 cuillerée à café de sauce soja

15 à 20 feuilles de nori

Sushi au **tofu**

Photos : sushis au tofu avec (de gauche à droite) du bœuf grillé,

de la sériole au vinaigre et du saumon fumé

Rouleaux de **concombre** (kappamaki)

Recette

Préparez les rouleaux de concombre selon les indications figurant p. 54.

D'autres variantes que celle suggérée ici peuvent être réalisées avec des ingrédients divers : saumon frais ou fumé, crevettes, avocat, thon au piment, omelette et prunes salées (umeboshi).

Ingrédients pour 24 rouleaux

2 feuilles de nori coupées en deux

155 g de riz pour sushi

4 morceaux de concombre coupés en bâtonnets de 1 x 7,5 cm

1/2 cuillerée à café de wasabi

Les petits rouleaux de sushi (hosomaki)

Coupez le nori en deux pour fabriquer des rouleaux de sushi. Taillez les bords des feuilles.

Les déchets peuvent être enroulés autour du sushi.

Rouleaux de **thon** (tekkamaki)

Recette

Préparez les rouleaux de thon comme indiqué p. 54.

Ingrédients pour 24 rouleaux

2 feuilles de nori

155 g de riz pour sushi

4 morceaux de thon coupés en bâtonnets de 1 x 7,5 cm

1/2 cuillerée à café de wasabi

Le maki-sushi

Le maki-sushi, ou « rouleau de sushi », se compose de deux ou trois ingrédients (poisson, légumes ou pickles) disposés sur un lit de riz vinaigré, le tout enrobé dans une feuille de nori. C'est pourquoi on l'appelle aussi parfois « nori-maki-sushi ». Le nori-maki est le sushi le plus connu et le plus varié, parce que presque tous les ingrédients peuvent y être incorporés, des légumes croquants aux morceaux d'omelette et d'avocat.

Maki-sushis

Gros rouleaux de sushi (futomaki)

Recette

Coupez l'omelette en fines lanières, le concombre, l'avocat et l'anguille en bâtonnets d'environ 1 x 7,5 cm.

Préparez les rouleaux selon les indications figurant p. 56.

Ingrédients pour 16 rouleaux
4 feuilles de nori
1 cuillerée à soupe de wasabi
450 g de riz pour sushi
une omelette représentant
la valeur d'un œuf battu
1 concombre
1 avocat bien mûr
90 g de filets d'anguille précuite

Rouleau de **dynamite** (thon épicé)

Recette

Découpez l'omelette en lanières, le concombre, l'avocat et le thon épicé

en bâtonnets d'environ 1 x 7,5 cm. Confectionnez les rouleaux selon

les instructions figurant p. 56.

Note

Remplacez l'anguille de la recette précédente par du thon épicé.

Maki-sushis

Recette

Décortiquez les crevettes et ôtez la veine. Coupez-les en deux dans la longueur.

Préparez les rouleaux californiens selon les indications figurant p. 56.

Variante

Pelez une grosse carotte, coupez-la en bâtonnets et faites-la blanchir. Faites blanchir une poignée de feuilles d'épinards dans de l'eau salée, rincez-les sous l'eau froide. Laissez-les égoutter et essorez-les. Coupez 90 g de filet de saumon frais en tranches de 2,5 cm d'épaisseur et laissez-les mariner dans le mirin. Préparez les rouleaux californiens comme indiqué p. 56.

Rouleaux **californiens** (ura maki sushi)

Ingrédients

4 feuilles de nori

1 cuillerée à soupe de wasabi

450 g de riz à sushi

3 cuillerées à soupe de mayonnaise

4 à 8 feuilles d'algues rouges

4 crevettes moyennes ou quelques

bâtonnets de surimi (succédané de crabe)

1 avocat bien mûr, pelé, dénoyauté et émincé

1 concombre, détaillé en bâtonnets

4 cuillerées à café d'œufs de poisson volant

Maki-sushis

Recette

Pour préparer la garniture des rouleaux, détaillez le saumon, l'avocat et le concombre.

Confectionnez les rouleaux comme indiqué p. 58.

Note

Vous pouvez varier la garniture selon vos goûts et les produits de la saison. Les graines de sésame, les œufs de saumon et les flocons de bonite séchés conviennent parfaitement pour cette préparation.

Ingrédients

4 feuilles de nori

450 g de riz pour sushi

4 cuillerées à café d'œufs de poisson volant

1/2 cuillerée à café de wasabi

210 g de filet de saumon

1 avocat bien mûr

1 concombre

Rouleaux **inversés** (sakamaki)

Recette

Étalez une feuille de nori sur une natte de bambou. Recouvrez-la d'un tiers du riz.

Recouvrez cette première épaisseur d'une seconde feuille de nori. Garnissez de nouveau avec un tiers du riz.

Préparez les rouleaux de sushi comme indiqué p. 56. Coupez les rouleaux en quatre.

Posez la dernière feuille de nori sur la natte de bambou et répartissez dessus le reste de riz.

Retournez le nori et mettez-le sur un torchon, comme pour préparer un sakamaki (p. 58).

Disposez les quatre morceaux du rouleau tranché l'un à la suite de l'autre, glissez l'omelette au milieu dans le sens de la longueur et enroulez le tout.

Façonnez la préparation sous forme de carré, appliquez le jaune d'œuf émietté sur les côtés et partagez en quatre morceaux égaux.

Rouleaux **carrés** (shikai maki)

Ingrédients

3 feuilles de nori

250 g de riz à sushi

omelette à sushi coupée en carrés de 1 cm de côté

kimi oboro (jaune d'œuf dur émietté)

Maki-sushis

Recette

Les temaki-sushis constituaient jadis le repas des chefs sushi. Disposant de tous les ingrédients, mais manquant de temps pour fabriquer des sushis pour eux-mêmes, ils se contentaient de « sushis roulés à la main ». Le temaki est en fait une variété de sushi de forme conique. Il se prête à l'emploi d'ingrédients comme le poulet cuit, le bœuf cru ou sauté, éventuellement relevés de sauces. Rapide et facile à préparer, le temaki est très savoureux, même avec des garnitures simples.

Si vous ne trouvez pas de feuilles grillées de nori dans le commerce, faites-les légèrement griller vous-même 30 secondes d'un seul côté, au-dessus du gaz. Elles perdent une partie de leur saveur lorsqu'on les grille des deux côtés. Vous pouvez aussi les faire griller à sec dans une poêle à feu doux, jusqu'à ce qu'elles libèrent leur arôme. Elles deviennent alors croustillantes et prennent une couleur vert foncé.

Vous pouvez hacher finement les brisures de feuilles de nori grillées que vous utiliserez comme condiment ou comme en-cas. Si vous préparez des temaki-sushis avec des ingrédients plus ou moins fluides, il est préférable de placer le riz en dessous et la garniture au-dessus. Au Japon, les lamelles de daikon frais se marient parfaitement aux temaki-sushis et aux maki-sushis. Offrant une saveur épicée et un arôme puissant, elles conviennent notamment aux sushis à l'omelette. On les trouve dans les boutiques spécialisées, mais vous pouvez aussi faire pousser le daikon chez vous à partir de graines. Faciles à déguster avec les doigts, les petits temaki-sushis sont tout indiqués en entrée.

Temaki-sushi

Ingrédients
10 feuilles de nori coupées en deux
500 g de riz à sushi
wasabi

Note

À défaut de feuilles de nori, vous pouvez enrouler les tamaki-sushis dans une feuille de laitue, notamment de la romaine ou de la laitue iceberg, afin d'apporter une touche légère et rafraîchissante.

Suggestions de garniture

tranches de thon, thon épicé

tempura (friture légère) de crevettes

crevettes fumées, bâtonnets de surimi, filet d'anguille (unagi)

sashimi au merlan ou à la sériole, œufs de poisson volant, œufs de saumon ou d'oursin

omelette, concombre, avocat, saumon fumé (ou autre poisson fumé)

Le wasabi peut être remplacé par de la mayonnaise ou du fromage frais.

Ce chapitre détaille toutes les techniques qui vous permettront de réussir vos sushis.

Recette

Le riz destiné aux sushis doit être un peu plus croquant que pour d'autres préparations. Prévoyez environ 200 g de riz cuit par rouleau. Il est préférable d'en avoir un peu trop que pas assez. Bien que différentes, toutes les recettes de riz à sushi sont bonnes. Vous en trouverez sur les bouteilles de vinaigre de riz, sur les paquets de riz et sur les emballages de nori.

La plupart des recettes recommandent de rincer le riz cuit jusqu'à ce que l'eau redevienne claire. Cette opération a pour but de débarrasser le riz de l'amidon, mais elle n'est pas indispensable car le plus souvent, celui-ci contient une sorte de farine de maïs.

Certaines recettes conseillent aussi de laisser égoutter le riz de 30 à 60 minutes dans une passoire ou zaru. Quoi que vous décidiez, il est important de choisir un riz à grain court et arrondi.

Rincez éventuellement le riz jusqu'à ce que l'eau devienne claire. Versez l'eau et le riz dans une casserole, puis laissez reposer 30 minutes. Portez à ébullition. Baissez le feu et laissez frémir 10 minutes. Puis laissez refroidir pendant 20 minutes.

Pour préparer le vinaigre, mélangez les ingrédients et faites-les chauffer jusqu'à ce qu'ils se dissolvent.

Étalez le riz sur une plaque de cuisson, arrosez-le de vinaigre, puis mélangez comme si vous vouliez taillader votre préparation. Enfin, éventez le riz jusqu'à ce qu'il atteigne la température ambiante.

Préparation du **riz à sushi**

Ingrédients
880 g de riz à grain court et arrondi
1 l d'eau

Pour le vinaigre à sushi
12,5 cl de vinaigre de riz
4 cuillerées à soupe de sucre
1 cuillerée à café de sel
1/2 cuillerée à café de sauce soja

À droite : préparation du riz à sushi

(shari ou sushi meshi)

1

Rincez sous l'eau froide un récipient à riz japonais en bois (hangiri) ou une assiette en bois avant d'ajouter le riz chaud.

2

Versez le vinaigre sur le riz avec une grande cuillère en bois afin de le répartir bien uniformément.

3

Mélangez le vinaigre avec le riz, sans aplatir ce dernier.

4

Éventez le riz jusqu'à ce qu'il soit à température ambiante.

Techniques

1

Commencez par préparer le tezu avec une moitié d'eau et une moitié de vinaigre. Humectez-vous les doigts et la paume des mains avec le tezu.

2

Prenez un morceau de poisson dans une main et une poignée de riz à sushi dans l'autre. Façonnez des boulettes de riz de la taille d'une balle de ping-pong.

Recette

L'art des nigiri-sushis réside dans l'équilibre entre la garniture et le riz. Les sushis se préparent en façonnant soigneusement les ingrédients à la main. Il vous faut une planche à découper, un couteau bien affûté, de l'eau vinaigrée (tezu, pour vous rincer les doigts), du poisson cru (ou une autre garniture) et du riz vinaigré.

Préparation des **nigiri-sushis**

3

En tenant une tranche de poisson cru dans une main, étalez dessus un peu de wasabi.

4

Placez une boulette de riz dessus. Refermez la main en pressant légèrement. Retournez et appuyez doucement avec le pouce sur le riz pour former une cavité.

5

Aplatissez le riz avec l'index de l'autre main.

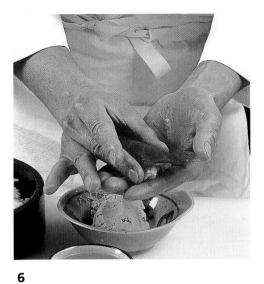

6

Retournez le sushi (le poisson sur le dessus) et modelez le riz avec le pouce et le majeur.

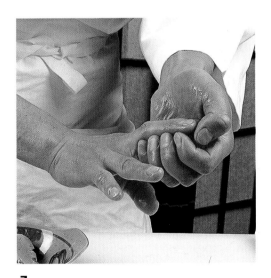

7

Positionnez les doigts comme indiqué sur la photo pour couvrir le poisson et le riz. Appuyez délicatement tout autour du sushi. Répétez deux fois les étapes 5 à 7.

8

Vous obtenez ainsi un sushi parfait, avec du poisson sur une portion de riz compact.

Techniques

1

Coupez une feuille de nori en deux dans la longueur. Les deux morceaux serviront. Posez le côté brillant de la feuille sur la natte. Humectez vos mains avec du tezu.

2

Prenez une poignée de riz dans le récipient et répartissez-la régulièrement sur le nori.

Préparation des **petits rouleaux**

3

Étalez une petite quantité de wasabi avec l'index. Faites-le d'un trait, d'un côté à l'autre.

4

Déposez les morceaux de thon au milieu, par-dessus le wasabi. Soulevez le bord de la natte de bambou.

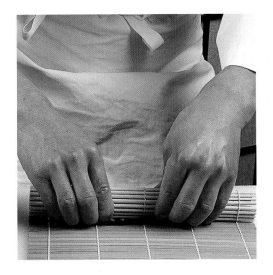

5

Tenez la natte et la garniture avec les deux mains. Enroulez la natte et le nori sur la garniture, en veillant à appuyer bien uniformément sur tous les ingrédients.

6

Recommencez, mais en appuyant un peu plus pour obtenir un riz ferme et réparti uniformément dans tout le rouleau.

7

Retirez le rouleau de la natte et posez-le sur une planche à découper. Coupez le rouleau en deux.

8

Partagez chacune des deux moitiés en trois morceaux, et vous obtenez ainsi six sushis.

Techniques

1

Posez une feuille de nori sur une natte de bambou, le côté brillant en dessous. Humectez-vous les mains avec du tezu et prenez une poignée de riz.

2

Répartissez le riz vinaigré uniformément sur le nori.

Préparation des **gros rouleaux** (futomaki)

3

Avec le bout des doigts étalez un peu de wasabi au milieu du riz.

4

Ajoutez de la mayonnaise japonaise de la même manière.

5

Déposez la garniture de votre choix au milieu, sur le wasabi et la mayonnaise.

6

Enroulez la natte sur les ingrédients jusqu'à environ 2,5 cm du bord du nori.

7

Soulevez la natte et enroulez-la de nouveau de manière que les bords du nori adhèrent et pressez bien afin d'affermir le rouleau.

8

Coupez le rouleau en deux avec un couteau bien affûté, placez les deux moitiés l'une contre l'autre et détaillez-les chacune en trois morceaux pour obtenir six sushis.

Techniques

1

Prenez une poignée de riz.

2

Répartissez le riz uniformément sur une feuille de nori préablement posée sur une natte de bambou.

Préparation des **rouleaux inversés**
(sakamaki)

3

Mettez le nori et le riz sur un torchon humide. Répartissez une petite quantité de wasabi sur le nori.

4

Déposez les ingrédients de la garniture au milieu.

5

Enroulez la natte autour des ingrédients jusqu'à environ 2,5 cm du bord du nori.

6

Soulevez la natte et enroulez-la de manière que les bords du nori adhèrent quand vous appuyez pour affermir le rouleau.

7

Ensuite retirez-le de la natte et posez-le sur un plat. Déposez délicatement les œufs de poisson sur tout le rouleau jusqu'à recouvrir complètement le riz.

8

Coupez le rouleau en deux avec un couteau bien affûté, posez les deux moitiés l'une contre l'autre et détaillez-les chacune en trois.

Techniques

Préparation du **temaki-sushi**

1

Prenez une feuille de nori dans une main, une poignée de riz de la taille d'une balle de golf dans l'autre.

2

Posez la boule de riz à une des extrémités de la feuille de nori, puis étalez-la sur la moitié.

3

Étalez avec l'index ou une cuillère une noisette de wasabi sur le riz.

4

Ajoutez la garniture de votre choix. Puis roulez un angle jusqu'au milieu du côté opposé.

5

Repliez sur la garniture l'angle le plus proche de la feuille de nori pour former un cornet.

6

La base du cornet doit être parfaitement hermétique pour éviter que le riz tombe.

Techniques

Recette

1

Mélangez le dashi, la sauce soja, le sel, le sucre, le mirin, puis remuez jusqu'à dissolution du sucre et du sel.

2

Battez les œufs, en évitant qu'ils se transforment en mousse.

3

Faites chauffer la poêle. Graissez-en le fond d'huile à l'aide d'essuie-tout. Versez un peu de la préparation en couvrant le fond uniformément.

4

Éliminez éventuellement les bulles d'air avec une spatule ou des baguettes.

Omelette à sushi

Ingrédients

8 œufs

8 cl de dashi (fumet de poisson vendu dans les boutiques spécialisées)

3 cuillerées à soupe de sucre

1 pincée de sel

1 cuillerée à soupe de mirin

2 cuillerées à soupe de sauce soja légère

5

Inclinez la poêle lorsque l'omelette est presque prête, ou solidifiée, tout en l'agitant pour la détacher.

6

Repliez-la en deux vers vous, avec des baguettes. Graissez de nouveau la partie libre de la poêle avec de l'essuie-tout.

7

Versez de nouveau un peu de la préparation dans la poêle.

8

Soulevez l'omelette cuite et inclinez la poêle pour que la préparation glisse en dessous. Pliez l'omelette comme précédemment, lorsqu'elle est ferme.

9

Procédez ainsi jusqu'à utilisation complète de la préparation.

10

Vous obtenez, comme sur la photo, une superposition d'omelettes.

Techniques

Recette

Les techniques de friture japonaises ne diffèrent guère des nôtres. Néanmoins, au Japon, les aliments frits sont particulièrement savoureux en raison de la qualité exceptionnelle de la pâte et de l'huile, ainsi que de la température à laquelle ils sont saisis.

Pâte à **tempura**

Ingrédients

1 jaune d'œuf
25 cl d'eau froide
4 glaçons
185 g de farine tamisée

1

Mettez le jaune d'œuf dans un grand saladier.

2

Ajoutez l'eau et les glaçons.

3

Mélangez le jaune et l'eau froide avec des baguettes ou avec une fourchette.

4

Ajoutez la farine.

5

Mélangez intimement les ingrédients jusqu'à obtenir une masse lisse et homogène.

Techniques

65

Poisson plat

Lavez le poisson sans l'essuyer afin de pouvoir le nettoyer plus soigneusement. Écaillez-le avec un couteau. Commencez par la queue en remontant vers la tête.

Coupez la nageoire dorsale avec des ciseaux ou retirez la nageoire caudale en incisant tout du long avec un couteau bien affûté. Tirez la nageoire vers la tête pour l'enlever.

Coupez la tête à l'arrière des ouïes avant de retirer les arêtes ou les filets. Incisez l'abdomen avec une lame bien aiguisée, depuis la tête jusqu'au niveau de la nageoire caudale. Retirez les membranes, les veines et les entrailles. Rincez soigneusement.

Coupez les ouïes et ouvrez l'ouïe extérieure avec le pouce pour préserver la forme ronde du poisson. Introduisez un doigt dans l'ouïe et saisissez l'intérieur. Tirez délicatement pour retirer l'ouïe intérieure et les entrailles. Rincez soigneusement.

Faites une entaille tout autour du corps, derrière les ouïes et le long des intestins, juste au-dessus de la queue, pour nettoyer entièrement le poisson. Pratiquez ensuite une incision à l'arrière. Détachez la peau de la chair avec un couteau bien affûté en commençant au niveau de la queue. Déplacez la lame vers la tête tout en maintenant fermement la peau avec l'autre main, sans à-coups. Pour lever le filet détachez un petit morceau de chair de la peau près de la queue. Tenez le filet tendu et glissez un couteau le long de la peau, au dessous.

Lever les **filets**

Poisson rond

Pratiquez une petite incision derrière les ouïes et videz le poisson avant de le nettoyer.

Écaillez-le entièrement en présentant la partie la plus sombre vers le haut, puis en incisant la peau au niveau de la queue. Détachez-la avec un couteau, vers la tête, jusqu'à ce que vous puissiez saisir suffisamment de peau.

Maintenez bien le poisson d'une main et détachez la peau. Puis retournez-le et maintenez la tête pendant que vous arrachez la peau en direction de la queue.

Placez le poisson sur une planche à découper, les yeux vers le haut. Incisez de la tête à la queue à la hauteur de l'arête dorsale. Introduisez la pointe du couteau entre les côtes et l'extrémité du filet, au niveau de la tête. Glissez la lame dans le filet de chaque côté de l'arête dorsale et levez-le.
Retournez le poisson et retirez les deux autres filets.

Lever les **filets**

Le sashimi

Poisson frais servi cru, le sashimi est la spécialité gastronomique du Japon par excellence. Le poisson doit être très frais et découpé en fines lamelles. Selon l'espèce de poisson, vous pouvez aussi le couper en bâtonnets de 6 mm à 1 cm. Le sashimi se sert avec du wasabi et de la sauce soja. Il figure toujours au menu des repas officiels japonais, qui ont lieu assez tôt dans la journée lorsque le palais est encore suffisamment frais pour apprécier les nuances subtiles des saveurs.

Recette

Nettoyez et videz les orphies, puis levez les filets comme décrit p. 67. Coupez les filets en treillis ou en tranches très fines. Dressez-les sur une assiette et saupoudrez-les de nori émietté.

Ingrédients

2 orphies (appelées aussi aiguilles ou bécassines de mer) moyennes entières
nori émietté en garniture

Sashimi à l'**orphie** (sayori)

Note

Les orphies sont des poissons de mer courants sur nos côtes. Le corps, de forme allongé, est prolongé par un long bec pointu. Des trois espèces présentes sur nos côtes, l'orphie commune, Belone belone, est la plus abondante. La chair offre une saveur délicate, mais les arêtes doivent être retirées méticuleusement.

Sashimis

Recette

Nettoyez et videz les merlans, puis levez les filets comme indiqué p. 67. Laissez-les reposer 10 à 15 minutes, puis rincez-les sous l'eau courante.

Mettez les filets dans un saladier et arrosez-les de vinaigre de riz. Laissez-les tremper de nouveau 10 minutes. Faites égoutter les filets dans une passoire. Détaillez-les en carrés ou en tranches fines.

Sashimi de **merlan** au vinaigre (kisu)

Ingrédients

2 merlans frais, entiers
2 cuillerées à soupe de sel
25 cl de vinaigre de riz

Note

Le merlan est un poisson très répandu, à la chair fine et légère.

Vivant près des côtes, il est abondant dans l'Atlantique et sa

pêche se pratique pendant presque toute l'année.

Sashimis

Recette

Videz le maquereau et levez les filets comme indiqué p. 67.

Détaillez les filets selon la technique de coupe plate décrite p. 13.

Décorez éventuellement le plat en confectionnant une rose avec de

très fines lamelles de poisson.

Garnissez également de radis.

Ingrédients

1 maquereau entier d'environ 1 kg
radis râpé en garniture

Note

Parmi les nombreuses espèces de maquereaux existant, les plus petits sont les

plus savoureux. Les gros ont souvent une texture plus sèche et un goût plus fade.

Bien que sous-estimée, la chair ferme et blanche du maquereau est excellente

sous forme de sashimi.

Sashimi au **maquereau** (shimaaji)

Recette

Détaillez le thon selon la technique de la coupe en dés (kazu giri). Mélangez dans une casserole la sauce soja, le saké et la bonite séchée, portez le tout à ébullition, puis remuez pendant 2 minutes. Ensuite égouttez le thon dans un chinois, en appuyant bien dessus, puis laissez-le refroidir à température ambiante. Déposez un peu de sauce sur les assiettes, à côté des sashimis.

Note

Achetez un gros filet et découpez-le aux dimensions voulues pour obtenir des sashimis.

Sashimi au **thon** (maguro)

Ingrédients

300 g de filet de thon de qualité

Tosa Juya (sauce d'accompagnement)

3 cuillerées à soupe de sauce soja

2 1/2 cuillerées à soupe de sauce soja

2 1/2 cuillerées à café de saké

2 1/2 cuillerées à café de bonite séchée (katsuobushi)

Sashimis

Recette

Nettoyez le poisson, videz-le, puis levez les filets comme indiqué p. 67.

Détaillez les filets en tranches très fines selon la technique décrite p. 13.

Disposez la carotte râpée et la chicorée en garniture sur le plat.

Ingrédients

1 dorade moyenne, d'environ 1,8 kg
1 carotte râpée
de la chicorée

Note

La dorade est un poisson très prisé. Bien qu'il se consomme également chaud, il est généralement servi sous forme de sashimi dans les restaurants japonais. Sa chair ferme et blanche est très appréciée.

Sashimi à la **dorade** (tai)

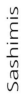
Sashimis

Recette

Si vous achetez un saumon entier, nettoyez-le, videz-le et levez les filets comme décrit p. 67.
Enlevez la chair foncée ou abîmée, la peau et les parties grasses. En utilisant la technique de
coupe en biais, détaillez les filets de manière à obtenir le nombre de morceaux nécessaire
(vous pouvez mélanger les restes de saumon avec du wasabi et les utiliser pour préparer des
sushis). Dressez les filets sur un plat et garnissez-les de daikon râpé.

Sashimi au **saumon** (sake)

Ingrédients

300 g de saumon ou 1 saumon entier de qualité
radis râpé

Note

Très prisé sous forme de sashimi, le saumon de l'Atlantique est également préparé selon des
modes de cuisson divers. Cette variété de saumon offre une chair excellente, à la fois ferme
et savoureuse.

Sashimis

Recette

Nettoyez et videz la bonite, puis levez les filets comme décrit p. 67.

Détaillez les filets selon la technique de coupe plate, en laissant la peau.

Dressez les filets sur un plat de service et garnissez-les de gingembre râpé

et de cive émincée.

Ingrédients

1 bonite entière, d'environ 2 kg

1 bonne pincée de gingembre râpé

1 tige de cive

Note

Diverses espèces de bonite existent à travers le monde. La chair, de couleur claire, offre une

magnifique texture et une riche saveur.

Si vous achetez des filets, la chair ferme et marbrée est la plus savoureuse.

La couleur est un bon indicateur de fraîcheur. Un poisson fraîchement coupé présente une

couleur terne.

Sashimi à la **bonite** (katsuo)

Sashimis

Recette

Nettoyez le poisson, videz-le et levez les filets comme décrit p. 67. Retirez toutes les arêtes et la peau. Détaillez les filets en fines lanières comme indiqué p. 13, méthode de la coupe fine.

Mélangez le poisson, le gingembre, les oignons, puis laissez la préparation reposer environ 30 minutes pour libérer les arômes.

Sashimi à la **sériole** (tatakin)

Ingrédients

3 sérioles

4 oignons hachés

1 cuillerée à café de gingembre râpé

Note

Poisson des mers chaudes et tempérées, au corps élancé, la sériole se pêche en Méditerranée et dans le golfe de Gascogne. Elle est très prisée au Japon sous forme de sashimi. Relativement secs et gras, les filets ont une saveur assez peu prononcée.

Sashimis

Recette

Retirez la tête des scampi et réservez-les pour la garniture.

Enlevez le haut de la carapace. Détachez la chair et jetez la carapace, en gardant la queue.

Dressez la chair des scampi sur un plat. Utilisez les têtes et les queues comme décoration.

Faites chauffer le saké dans une casserole pour préparer la sauce. Enflammez-le hors du feu et remuez légèrement la poêle jusqu'à ce que la flamme s'éteigne. Attendez qu'il refroidisse.

Mélangez soigneusement le saké avec les autres ingrédients. Versez la préparation dans de petits bols individuels, et servez à côté des sashimis aux scampi. Cette sauce peut également accompagner d'autres sashimis

Ingrédients

8 scampi (frais si possible, sinon surgelés)

Chirizu (sauce d'accompagnement épicée)

2 1/2 cuillerées à café de saké

3 cuillerées à soupe de daikon fraîchement râpé

2 oignons coupés en rondelles

3 cuillerées à soupe de sauce soja

3 cuillerées à soupe de jus de citron

une pincée de togarashi (poudre aux sept-épices)

Note

Les scampi étant généralement surgelés à bord des bateaux dès qu'ils sont pêchés, on les trouve rarement frais. Offrant une délicate saveur, ils sont particulièrement appréciés pour les sashimis. Beaucoup les préfèrent au homard.

Sashimi aux **scampi** (tenagaebi)

Recette

Si vous achetez du homard surgelé, laissez-le décongeler toute la nuit au réfrigérateur.

Enlevez la tête et réservez-la pour la décoration. Ouvrez profondément la carapace avec des

ciseaux de cuisine.

Détachez la chair du homard. Ornez le plat vide de daikon râpé pour la présentation. Détaillez

le homard en petites sections. Disposez la chair dans la carapace remplie de daikon et servez.

Sashimi au **homard** (ise ebi)

Ingrédients

1 homard entier, non cuit

chicorée, daikon râpé

Note

À l'origine, les homards destinés aux sashimis étaient achetés vivants et tués juste avant

d'être servis. Cette tradition relevait de la rigueur obsessionnelle des Japonais pour la

fraîcheur.

Sashimis

Recette

Nettoyez les calmars comme les poulpes (voir p. 26).

Pour préparer des rouleaux au calmar et au concombre, découpez les calmars et les feuilles de nori en carrés de 5 x 10 cm. Pratiquez des entailles dans les calmars à 3 mm d'intervalle. Posez les calmars entaillés, côté entaillé en dessous, couvrez-les de nori, puis de concombre et enfin d'œufs de poisson. Enroulez le tout, puis détaillez le rouleau en tranches de 1 cm d'épaisseur.

Pour compléter, coupez le nori et les calmars aux dimensions voulues, puis posez le nori sur les calmars. Pratiquez des entailles, côté nori à 5 mm d'intervalle et enroulez entièrement. Coupez le rouleau en tranches de 1 cm. Décorez les sashimis de nori râpé.

Ingrédients

6 calmars (ou poulpes)
3 feuilles de nori
1 concombre coupé en bâtonnets de 10 cm
1/2 cuillerée à café d'œufs de poisson volant

Note

Généralement plus petits que les poulpes, les calmars sont prisés dans la cuisine japonaise en raison de leur saveur, plus agréable que celle des poulpes. Choisissez des calmars à la chair ferme et au corps intact. Ne soyez pas surpris par les poches d'encre ouvertes : elles se libèrent souvent pendant la pêche. Nettoyez les calmars comme les poulpes.

Sashimi aux **calmars** (ika)

Sashimis

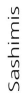

Critères pour apprécier la fraîcheur des produits de la mer

La fraîcheur des poissons et des fruits de mer est essentielle dans la préparation des sushis. L'anguille et le poulpe doivent toujours être cuits. Nous indiquons ci-dessous quelques critères permettant d'apprécier la qualité et la fraîcheur du poisson, des coquillages et des crustacés, ainsi que quelques conseils pour les conserver dans de bonnes conditions.

Un poisson frais doit avoir la peau brillante, presque étincelante.

Son corps doit être rigide et sa chair ferme au toucher.

Les poissons frais ont généralement les yeux clairs.

La queue ne doit pas être sèche ni recourbée à l'extrémité.

Le poisson doit dégager une odeur de mer (ou d'eau douce), pas une odeur de poisson.

Les écailles doivent être bien serrées les unes contre les autres.

Les ouïes doivent être de couleur rouge vif et ne présenter aucun dépôt gluant de couleur blanche.

Évitez d'acheter des restes de poisson, préférez un poisson fraîchement débité.

Qualité du poisson

Les coquillages frais doivent avoir les coquilles bien fermées.

Si les moules sont entrouvertes, elles doivent se refermer rapidement lorsqu'on les choque.

Les huîtres doivent toujours rester fermées et être conservées à plat pour éviter qu'elles perdent leur eau.

Achetez le poisson en dernier en faisant les courses, et mettez-le au réfrigérateur dès votre retour à la maison.

Retirez le poisson de son emballage et rincez-le sous l'eau froide avant de le placer au réfrigérateur. Si vous pensez le garder plus d'une heure, posez-le sur de la glace dans une passoire, au-dessus d'un saladier – pas directement dans un saladier rempli de glace, pour éviter que l'eau résultant de la glace fondue ne compromette sa qualité.

Les coquillages, notamment les moules et les huîtres, doivent être conservés au réfrigérateur, dans un saladier recouvert d'un torchon humide.

Manger avec des baguettes

Prenez les baguettes dans la main de manière à pouvoir les utiliser facilement, en les tenant légèrement vers l'extrémité épaisse. Avant de vous servir dans le plat de service, retournez les baguettes. Les baguettes non utilisées doivent être placées à droite de l'assiette.

Le protocole **japonais**

Au restaurant

L'amateur de sushis averti commence généralement par commander un choix de sashimis, ce qui permet au chef de proposer ses meilleurs poissons. Laissez-le vous conseiller. Les sashimis se dégustent avec des baguettes et non avec les mains. Lorsque vous avez terminé les sashimis, demandez un autre bol de sauce soja. Inutile de vouloir rajouter du wasabi car il y en a déjà entre le riz et le poisson.

Vous êtes maintenant prêt pour les nigiri-sushis. Les nigiris se dégustant avec les mains, fini de jongler avec les baguettes ! Plongez légèrement l'extrémité du sushi dans la sauce soja, puis, une fois en bouche, posez sur la langue la garniture de poisson. Ne mordez pas plusieurs fois dans le sushi, mettez-le entier dans la bouche. Si le chef jette de temps en temps un coup d'œil sur votre assiette, ce n'est pas dans l'attente de la commande suivante, mais pour vérifier que tout se passe bien. Lorsque vous avez terminé, demandez la note au serveur, pas au chef.

Les chefs sushi font généralement preuve d'un grand savoir-faire qui mérite d'être récompensé par de généreux pourboires.

À éviter

Ne demandez jamais de couteau. Cela laisserait supposer que vous en avez besoin pour affronter les aliments ! Évitez de laisser votre voisin goûter dans votre assiette avec des baguettes. Au Japon, cela équivaut à un geste sacrilège.

Ne frottez pas les baguettes pour en ôter les grains de riz. N'avalez pas tout le riz en une seule fois et goûtez à tous les plats. Vous ne devez rien laisser du riz que vous avez pris dans votre assiette ou votre bol.

Évitez d'agiter les baguettes au-dessus des plats pendant que vous faites votre choix.

Wasabi

N'abusez pas du wasabi, car il masque la saveur subtile du poisson cru.

La consommation des sushis n'est plus un apanage des classes aisées. On en trouve désormais partout, même préemballés dans les supermarchés. Néanmoins, le bar à sushis reste l'endroit privilégié pour les savourer pleinement.

À première vue, le bar à sushis ne paraît guère différent des autres. Si certains clients sont assis par terre sur des nattes, devant des tables basses, d'autres peuvent choisir une table plus traditionnelle. Toutefois, pour être au cœur de l'événement, installez-vous de préférence au bar. Le chef veille sur une vaste sélection de produits de la mer, dont la chatoyante présentation permet d'apprécier la fraîcheur, la couleur et la texture. Vous n'aurez que l'embarras du choix entre poissons, fruits de mer et algues.

Le bar à **sushis**

Portant une blouse à manches courtes et, autour de la tête, un bandeau de couleurs vives, le chef réalise de véritables prouesses, jonglant entre boulettes de riz et découpes de superbes morceaux de saumon orange vif.

Le serveur évolue comme un danseur entre le bar et les tables avec son plateau. Comment résister à ces rouleaux californiens vert foncé, au poisson et à l'avocat, ou ceux à base de thon ou de concombre ?

Le chef ou le serveur vous présente un menu comprenant des descriptions des spécialités illustrées de photos en couleurs. Il vous propose aussi une boisson, et vous voici confronté à votre première épreuve – la plus importante : la dégustation du saké.

Cet alcool à base de riz fermenté accompagne traditionnellement les plats de poisson. C'est une boisson forte, parfumée et légèrement sucrée. Mais, avant de vous livrer au rituel, sachez qu'au Japon, par politesse, une tasse ne doit pas rester vide, et que votre hôte ou votre hôtesse s'empressera de la remplir. Lorsque vous ne souhaitez plus boire, retournez la tasse.

Le décor de la table est réduit au strict minimum. Les couteaux et les fourchettes étant inexistants, vous apprenez à manger avec des baguettes ou avec les doigts. Les deux manières sont acceptées. Une petite bouteille de sauce soja (shoyu) est posée devant vous, ainsi qu'un bol pour mélanger sauce et wasabi (condiment à base de raifort).

Sur le bord de l'assiette, un peu de gari (gingembre macéré dans du vinaigre doux) est présenté sous forme de très fines tranches de couleur rose. Sa saveur neutralise celle qui persiste en bouche, et vous permet de mieux apprécier ce qui suit.

L'emploi des baguettes peut s'avérer frustrant pour les novices. Alors que vous parvenez à saisir une petite portion de riz et à la plonger dans la sauce, elle tombe en morceaux avant d'atteindre votre bouche. Toutefois, c'est la saveur du poisson qui mérite d'être relevée, pas celle du riz. À ce propos, nous vous conseillons la méthode suivante : prenez le sushi de manière à plonger la garniture de poisson dans la préparation au shoyu. Vous apprécierez ainsi pleinement ce que vous aurez commandé, en fonction de vos goûts, dans la vaste sélection offerte.

Le **chef** sushi

Un héritage des samouraïs

La tradition des sushis s'est transmise au fil des siècles grâce aux shokunin, les chefs sushi. Les Japonais croient fermement en la valeur de l'apprentissage. Avant de pouvoir utiliser le moindre couteau, l'apprenti doit commencer par travailler plusieurs années dans la cuisine en nettoyant les sols, en lavant la vaisselle, en effectuant toutes sortes de tâches subalternes sinon ingrates. Dix années d'apprentissage sont parfois nécessaires avant de maîtriser l'art des sushis et de devenir chef. Héritier des samouraïs, le chef sushi voue un profond respect à leurs idéaux – il a une haute idée de son devoir, impliquant notamment une rigoureuse discipline. Le ghi immaculé qu'il porte, de même que le bandeau rehaussé d'un nœud dans les cheveux attestent du sérieux avec lequel il considère son travail.

La confection des sushis est assimilée à un art à part entière dans un pays où le métier de cuisinier est hautement valorisé, et le chef sushi est tenu en grande estime.

Outils

Les couteaux sont aussi importants pour le chef sushi que l'épée pour le samouraï. Fabriqués en acier, ils sont suffisamment tranchants pour couper un cheveu. Le chef possède sa propre collection de couteaux, qui atteignent des prix exorbitants. Il les affûte avant et après emploi, il les nettoie aussitôt après s'en être servi, et les enveloppe soigneusement avant de les ranger, la nuit, dans un endroit sûr. Contrairement aux autres couteaux, ceux réservés à la confection des sushis sont affûtés d'un seul côté pour travailler avec précision et rapidité.

Anago (congre) – L'anago, de la famille du congre, est plus maigre que l'unagi, l'anguille d'eau douce. Il est toujours cuit avant emploi. Servi avec une préparation à base de sucre, de sauce soja et de fumet d'anguille, il ne nécessite ni wasabi ni autre accompagnement.

Glossaire

Buzuguri – Morceaux de poulpe.

Ebi (gambas cuites à l'eau) – Les ebi doivent leur popularité dans les bars à sushis à leur saveur douce et fraîche. Ce sont des gambas cuites dans l'eau salée, puis décortiquées et aplaties en forme de papillons, mais dont on a conservé la tête et la queue. Elles s'accompagnent de wasabi et de sauce soja.

Gari (gingembre émincé) – Le gari est une garniture destinée à nettoyer la bouche entre deux sushis. Il s'agit de racine de gingembre conservée dans le sel et le vinaigre doux. Lorsque vous achetez du gari pour préparer des sushis, choisissez une variété à peau tendre pour obtenir des sushis compacts.

Gunkan – Le gunkan est surnommé le « sushi cuirassé ». C'est une sorte de nigiri-sushi réalisé en enroulant un morceau d'algue qui dépasse de la boulette de riz afin de pouvoir y déposer des ingrédients à la surface, notamment des œufs de poisson.

Hamachi (sériole) – Le hamachi est une variété de sériole. L'espèce japonaise, de couleur jaune clair, offre une riche saveur fumée. Les chefs apprécient particulièrement la queue et les joues du poisson, qu'ils réservent à leurs meilleurs clients.

Hira spécial – Réunissant fromage frais, concombre, crabe, avocat, saumon et thon, ce sushi est roulé à l'envers, le riz apparaissant à l'extérieur.

Ikura (œufs de saumon) – Ce sushi se présente sous la forme d'une boulette d'un rouge brillant. Le terme ikura est dérivé du russe *ikra*, signifiant caviar ou œufs de poisson. D'ailleurs, l'ikura remplace parfois le caviar rouge dans la confection des sushis.

Kani (crabe) – Toujours servi cuit, le kani est particulièrement recommandé à ceux qui découvrent les sushis. Il peut être consommé sous forme de nigiri-sushis ou enveloppé dans des algues, comme dans les rouleaux californiens. Le kani est de la véritable chair de crabe, contrairement au kanikama, succédané de chair de crabe (surimi), qui entre également dans la préparation de certains sushis.

Kyuri – Concombre enveloppé dans des algues.

Maguro (thon) – Le maguro est la spécialité la plus vendue dans les bars à sushis, en raison de sa saveur familière et fraîche. Parmi les nombreuses variétés de thon, c'est le thon rouge et le thon jaune qui entrent le plus souvent dans la confection des sushis.

Maki-sushi (rouleau de sushi) – Variété de sushi à base de riz, poisson et autres ingrédients enroulés dans une longue feuille d'algue qui est ensuite détaillée en petits morceaux. Il existe deux espèces de maki-sushis : le hosomaki, petit rouleau que l'on découpe en six morceaux, et le temaki, cornet façonné à la main, qui se déguste en deux ou trois bouchées. Les maki-sushis se servent avec du gari et de la sauce soja.

Makisu – Ustensile indispensable pour confectionner les rouleaux de sushi. Il s'agit d'une natte fabriquée avec des baguettes de bambou maintenues par des fils de coton.

Masago (œufs de poisson) – Petits œufs orange du « poisson volant » (exocet), les masago sont très prisés au Japon. Ils entrent dans la préparation des nigiri-gunkan, des maki-sushis, et servent souvent à garnir l'extérieur des rouleaux préparés à la main. Les masago sont étroitement apparentés aux tobiko, laitance du poisson volant. De couleur plus claire, ils offrent la même saveur salée et la même texture ferme.

Nigiri-sushi ou nigiri-zushi – Nigiri-sushi signifie « pressé avec la main ». Il s'agit d'un morceau de poisson cuit ou cru posé en diagonale sur une boulette de riz. Ensuite, les ingrédients sont soigneusement façonnés avec la main pour obtenir une préparation compacte. Les œufs de poisson participent parfois à la confection des nigiri-sushis, un morceau d'algue maintenant l'ensemble. Souvent servis avec du wasabi, les nigiri-sushis s'accompagnent également de sauce soja.

Sake (saumon) – Facilement identifiable à sa couleur orange, le saumon, de saveur douce, est très prisé comme sushi. Il n'est jamais consommé cru dans les bars à sushis ; le poisson est légèrement fumé, puis conservé quelques jours dans le sel et le sucre avant d'être servi.

Sashimi – Sashimi signifie « poisson cru ». Servi sans riz, le sashimi s'accompagne souvent de sauce soja, de wasabi et de gingembre. Le sashimi se déguste généralement au début du repas, avant les sushis.

Sushi – Préparations constituant le plat principal au Japon, réunissant du riz parfumé au vinaigre et du poisson. De formes diverses, les sushis peuvent être consommés avec des baguettes ou avec les mains. Les plus répandus sont les nigiri-sushis (confectionnés à la main) et les maki-sushi (roulés avec une natte de bambou).

Suzuki (serranidé) – Poisson japonais proche du bar, à la chair d'un blanc brillant, offrant une saveur douce. Le poisson est parfois servi comme sashimi sous la dénomination suzuki usu zukuri.

Tako (poulpe) – Le tako se reconnaît à ses tentacules qui constituent, avec la poche, la partie la plus comestible du corps. Le tako est toujours servi cuit, pour ramollir la chair et affiner sa saveur.

Tekka-maki – Rouleau de riz et de thon cru. Le terme tekka renvoie aux casinos japonais où on le consomme avec les mains tout en jouant.

Unagi (anguille d'eau douce) – L'unagi ressemble à l'anago (congre) par sa couleur et sa saveur. Toutefois, on ne la cuit pas ; on la fait griller et on la badigeonne avec une préparation à base de sauce soja, de sucre et de fumet d'anguille, qui adoucit et enrichit sa saveur. L'unagi ne doit pas être plongée dans une sauce d'accompagnement.

Uni (oursin) – Les consommateurs de sushis les plus téméraires doivent goûter à l'uni. L'oursin, dont on consomme le corail, est considéré comme un produit raffiné dans de nombreuses régions du monde. La texture délicate, maintenue par un morceau de nori, offre une subtile saveur de noix, très appréciée des amateurs de sushis.

Wasabi (raifort) – Crème de raifort de couleur verte, à la saveur relevée, qui rehausse le goût des sushis (s'achète en poudre que l'on humidifie, ou en tube).

Glossaire

Index